Impressum
Verlag: BABADADA GmbH, Nedderfeld 112 , 22529 Hamburg
Geschäftsführer / Verlagsleitung: Harald Hof
Druck: Books on Demand GmbH, In de Tarpen 42, 22848 Norderstedt

Imprint
Publisher: BABADADA GmbH, Nedderfeld 112 , 22529 Hamburg, Germany
Managing Director / Publishing direction: Harald Hof
Print: Books on Demand GmbH, In de Tarpen 42, 22848 Norderstedt

colegio
Schule

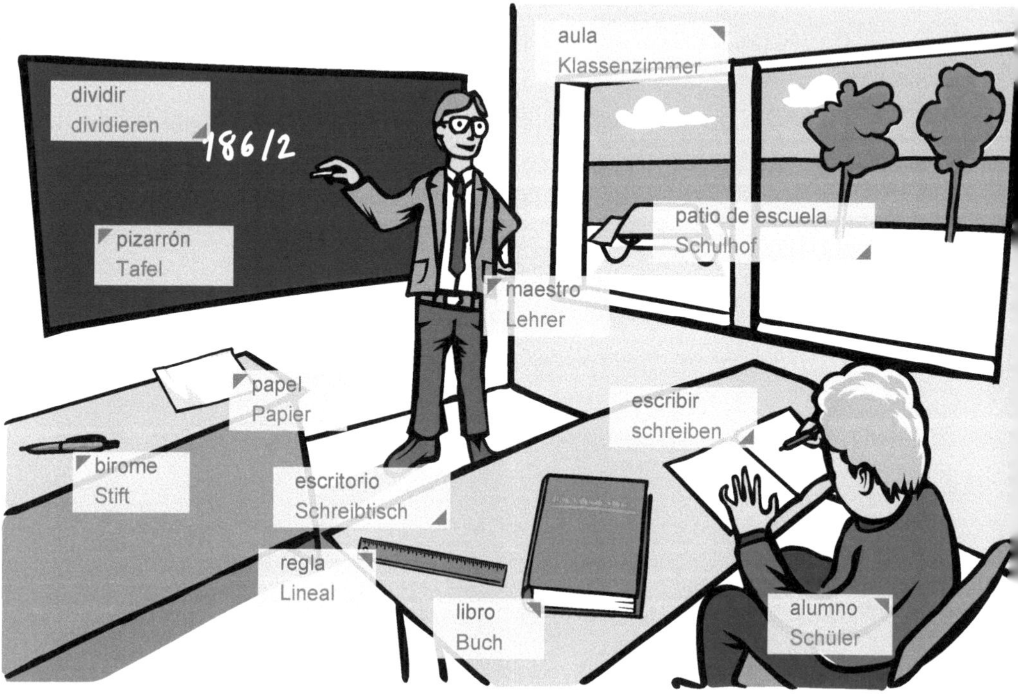

aula
Klassenzimmer
dividir
dividieren
186/2
pizarrón
Tafel
patio de escuela
Schulhof
maestro
Lehrer
papel
Papier
escribir
schreiben
birome
Stift
escritorio
Schreibtisch
regla
Lineal
libro
Buch
alumno
Schüler

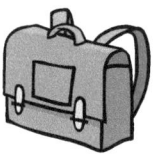

mochila

Schultasche

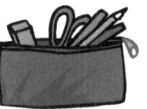

caja de lápices

Federmappe

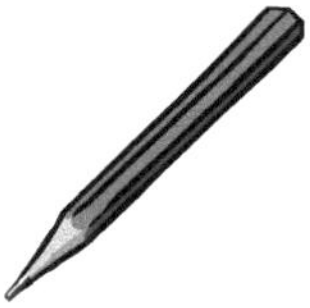

lápiz

Bleistift

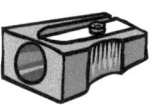

sacapuntas

Bleistiftspitzer

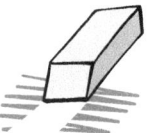

goma (de borrar)

Radierer

bloc de dibujo

Zeichenblock

dibujo

Zeichnung

pincel

Pinsel

caja de pinturas

Malkasten

tijera

Schere

pegamento

Klebstoff

cuaderno de ejercicios

Übungsheft

tarea

Hausübung

número

Zahl

sumar

addieren

restar

subtrahieren

multiplicar

multiplizieren

calcular

rechnen

letra

Buchstabe

abecedario

Alphabet

palabra

Wort

texto

Text

leer

lesen

tiza

Kreide

lección

Unterrichtsstunde

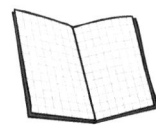

cuaderno de clase

Klassenbuch

examen

Prüfung

certificado

Zeugnis

uniforme escolar

Schuluniform

educación

Ausbildung

enciclopedia

Lexikon

universidad

Universität

microscopio

Mikroskop

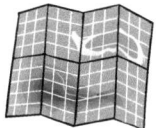

mapa

Karte

tacho (de basura)

Papierkorb

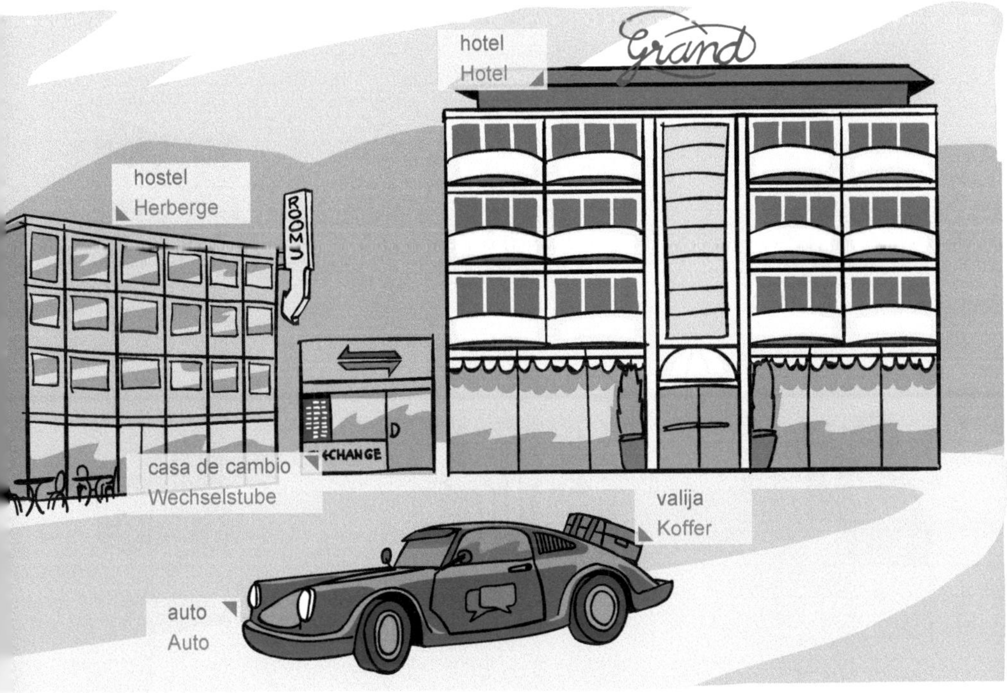

hotel
Hotel
Grand
hostel
Herberge
ROOMS
casa de cambio
Wechselstube
valija
Koffer
auto
Auto

idioma
Sprache

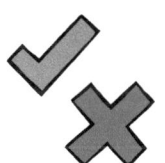

sí / no
ja / nein

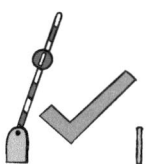

Está bien
Okay

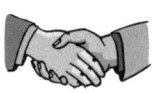

hola
Hallo

traductor
Dolmetscherin

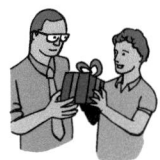

Gracias
Danke

¿cuánto cuesta…?

Wie viel kostet …?

No entiendo

Ich verstehe nicht.

problema

Problem

¡Buenas tardes!

Guten Abend!

¡Buenos días!

Guten Morgen!

¡Buenas noches!

Gute Nacht!

adiós

Auf Wiederschaun!

dirección

Richtung

equipaje

Gepäck

bolso

Tasche

mochila

Rucksack

invitado

Gast

habitación

Zimmer

bolsa de dormir

Schlafsack

carpa

Zelt

viaje - Reise

información turística

Touristeninformation

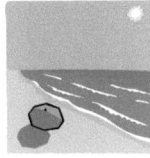

playa

Strand

tarjeta de crédito

Kreditkarte

desayuno

Frühstück

almuerzo

Mittagessen

cena

Abendessen

pasaje

Fahrkarte

ascensor

Lift

sello

Briefmarke

frontera

Grenze

aduana

Zoll

embajada

Botschaft

visa

Visum

pasaporte

Pass

transporte

Transport

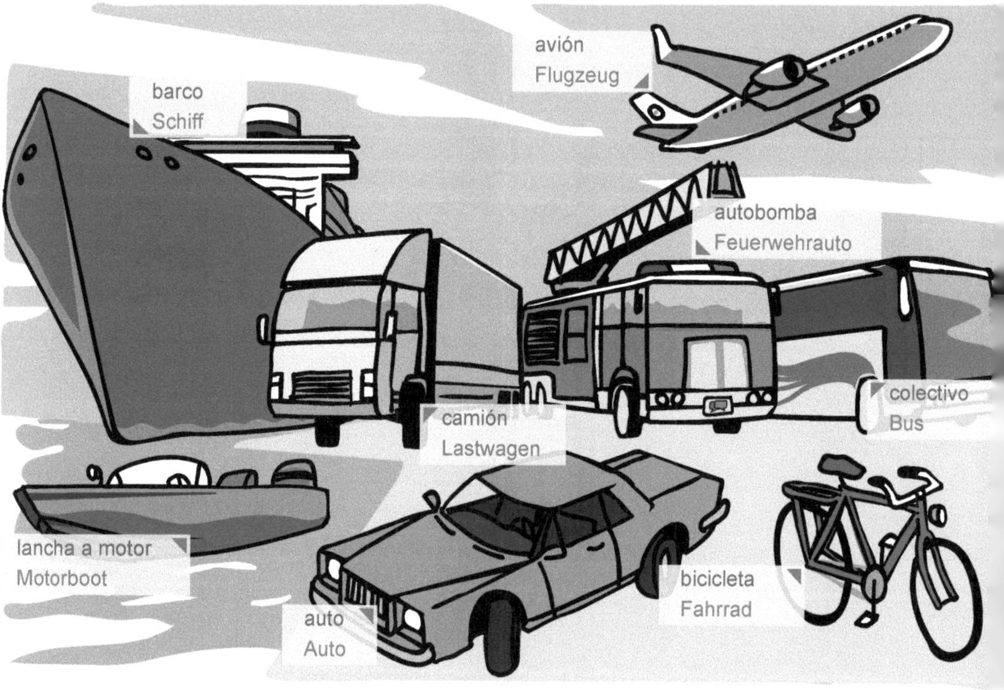
avión
Flugzeug
barco
Schiff
autobomba
Feuerwehrauto
camión
Lastwagen
colectivo
Bus
lancha a motor
Motorboot
bicicleta
Fahrrad
auto
Auto

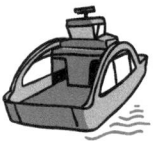

ferry

Fähre

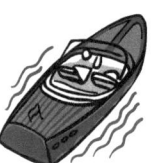

bote

Boot

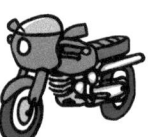

moto

Motorrad

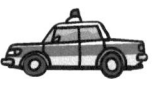

patrullero

Polizeiauto

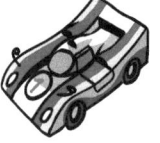

auto de carreras

Rennauto

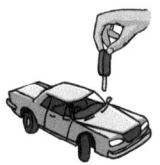

auto de alquiler

Mietwagen

alquiler de autos

Carsharing

grúa

Abschleppwagen

camión de basura

Müllwagen

motor

Motor

nafta

Kraftstoff

estación de servicio

Tankstelle

señal de tránsito

Verkehrsschild

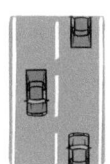

tránsito

Verkehr

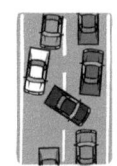

embotellamiento

Stau

estacionamiento

Parkplatz

estación de tren

Bahnhof

vías

Schienen

tren

Zug

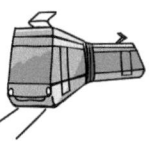

tranvía

Straßenbahn

vagón

Wagon

helicóptero
Hubschrauber

aeropuerto
Flughafen

torre
Tower

pasajero
Passagier

contenedor
Container

caja de cartón
Karton

carretilla
Rollwagen

canasta
Korb

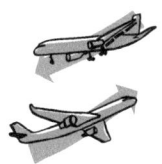

despegar / aterrizar
starten / landen

ciudad
Stadt

pueblo
Dorf

centro de ciudad
Stadtzentrum

casa
Haus

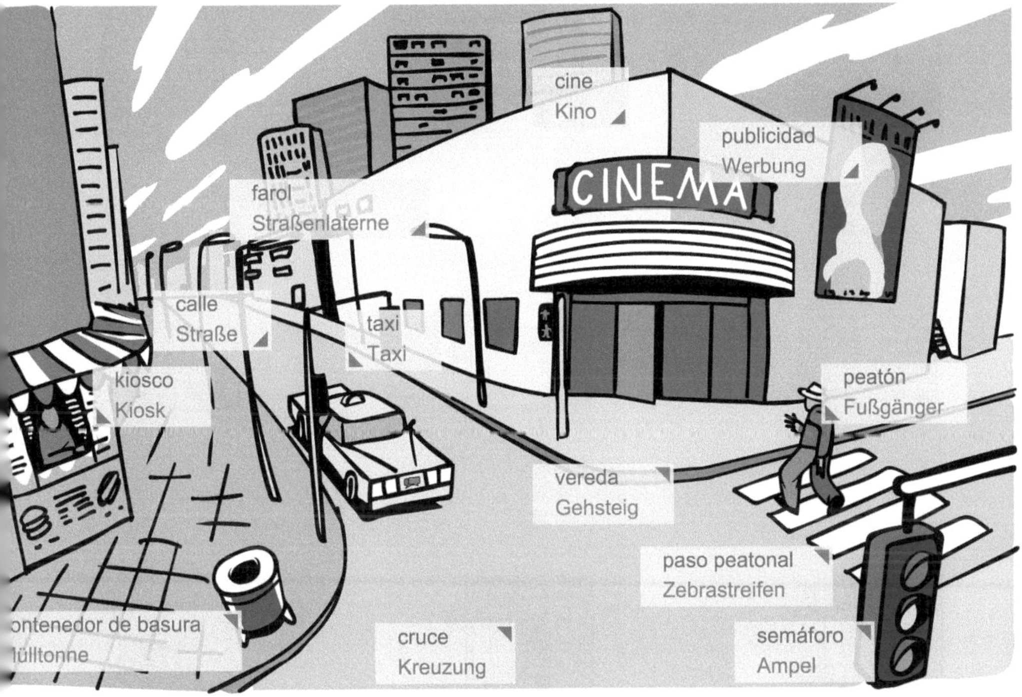

cine
Kino

publicidad
Werbung

farol
Straßenlaterne

calle
Straße

taxi
Taxi

kiosco
Kiosk

peatón
Fußgänger

vereda
Gehsteig

paso peatonal
Zebrastreifen

contenedor de basura
Mülltonne

cruce
Kreuzung

semáforo
Ampel

cabaña

Hütte

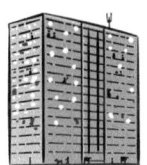

departamento

Wohnung

estación de tren

Bahnhof

municipalidad

Rathaus

museo

Museum

colegio

Schule

universidad
Universität

banco
Bank

hospital
Spital

hotel
Hotel

farmacia
Apotheke

oficina
Büro

librería
Buchhandlung

negocio
Geschäft

florería
Blumenladen

supermercado
Supermarkt

mercado
Markt

grandes tiendas
Kaufhaus

pescadería
Fischhändler

centro comercial
Einkaufszentrum

puerto
Hafen

parque
Park

banco
Bank

puente
Brücke

escaleras
Stiege

subte
U-Bahn

túnel
Tunnel

parada del colectivo
Bushaltestelle

bar
Bar

restaurante
Restaurant

buzón
Briefkasten

letrero
Straßenschild

parquímetro
Parkuhr

zoológico
Zoo

pileta
Badeanstalt

mezquita
Moschee

granja
Bauernhof

contaminación
Umweltverschmutzung

cementerio
Friedhof

iglesia
Kirche

juegos infantiles
Spielplatz

templo
Tempel

paisaje
Landschaft

hoja
Blatt

poste indicador
Wegweiser

camino
Weg

pradera
Wiese

piedra
Stein

excursionista
Wanderer

árbol
Baum

río
Fluss

hierba
Gras

flor
Blume

valle

Tal

montaña

Hügel

lago

See

bosque

Wald

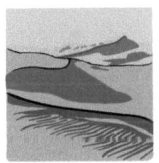

desierto

Wüste

volcán

Vulkan

castillo

Schloss

arco iris

Regenbogen

champiñón

Pilz

palmera

Palme

mosquito

Moskito

mosca

Fliege

hormiga

Ameise

abeja

Biene

araña

Spinne

escarabajo

Käfer

rana

Frosch

ardilla

Eichhörnchen

erizo

Igel

liebre

Hase

lechuza

Eule

pájaro

Vogel

cisne

Schwan

jabalí

Wildschwein

ciervo

Hirsch

alce

Elch

presa

Staudamm

aerogenerador

Windrad

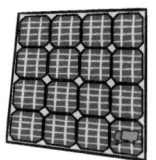

panel solar

Solarmodul

clima

Klima

restaurante

Restaurant

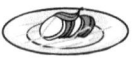

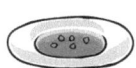

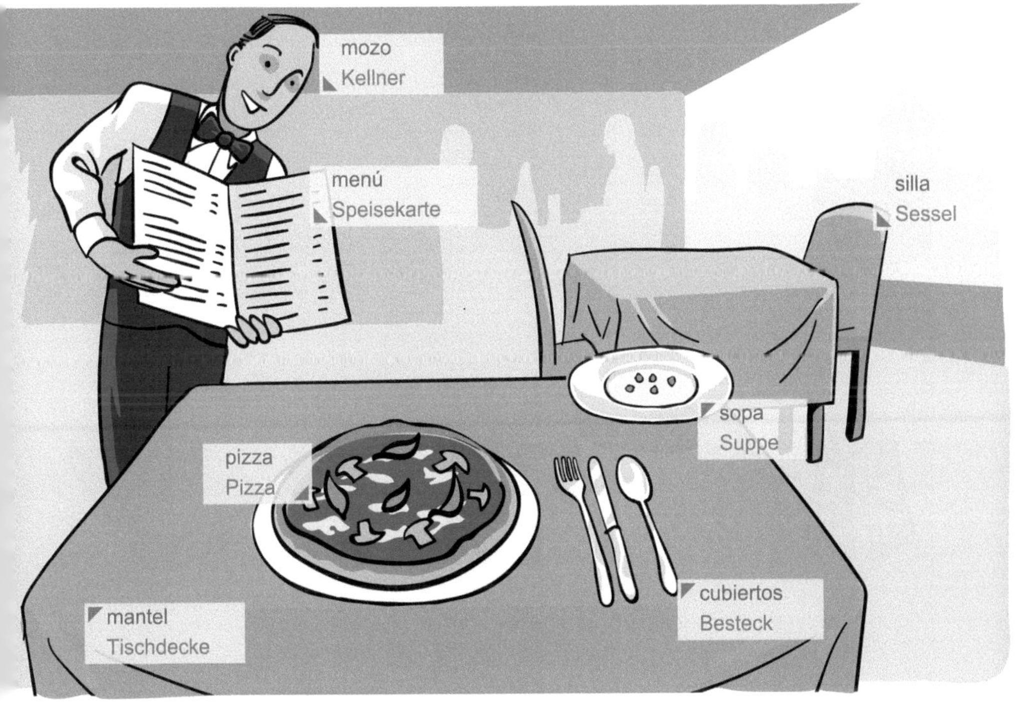
mozo
Kellner
menú
Speisekarte
silla
Sessel
sopa
Suppe
pizza
Pizza
cubiertos
Besteck
mantel
Tischdecke

entrada

Vorspeise

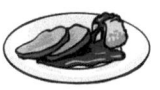

plato principal

Hauptgericht

postre

Nachspeise

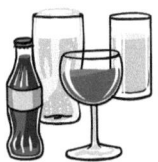

bebidas

Getränke

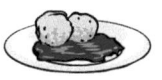

comida

Essen

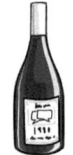

botella

Flasche

comida rápida

Fastfood

comida callejera

Streetfood

tetera

Teekanne

azucarera

Zuckerdose

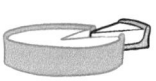

porción

Portion

cafetera expreso

Espressomaschine

sillita alta

Kinderstuhl

cuenta

Rechnung

bandeja

Tablett

cuchillo

Messer

tenedor

Gabel

cuchara

Löffel

cucharita

Teelöffel

servilleta

Serviette

vaso

Glas

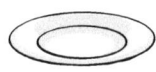

plato

Teller

plato hondo

Suppenteller

plato

Untertasse

salsa

Sauce

salero

Salzstreuer

molinillo de pimienta

Pfeffermühle

vinagre

Essig

aceite

Öl

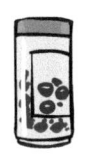

especias

Gewürze

kétchup

Ketchup

mostaza

Senf

mayonesa

Mayonnaise

supermercado

Supermarkt

oferta especial
Angebot
FOR
cliente
Kunde
lácteos
Milchprodukte
fruta
Obst
changuito
Einkaufswagen

BUTCHERS

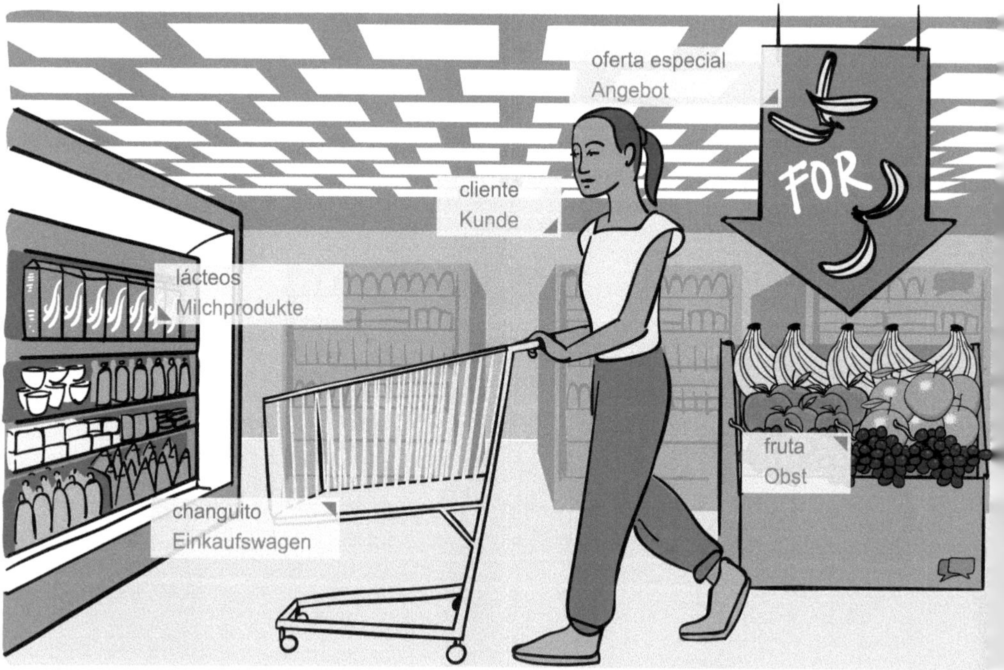

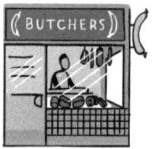

carnicería

Schlachterei

BAKERY

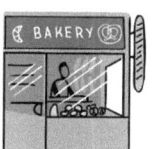

panadería

Bäckerei

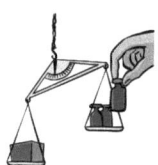

pesar

wiegen

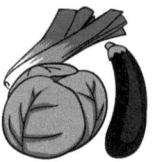

verduras

Gemüse

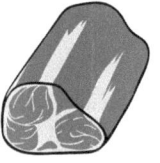

carne

Fleisch

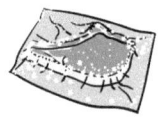

alimentos congelados

Tiefkühlkost

fiambres

Aufschnitt

alimentos enlatados

Konserven

detergente en polvo

Waschmittel

golosinas

Süßigkeiten

electrodomésticos

Haushaltsartikel

productos de limpieza

Reinigungsmittel

vendedora

Verkäuferin

caja

Kassa

cajero

Kassiererin

lista de compras

Einkaufsliste

horario de atención

Öffnungszeiten

billetera

Brieftasche

tarjeta de crédito

Kreditkarte

cartera

Tasche

bolsa de plástico

Plastiktüte

agua

Wasser

jugo

Saft

leche

Milch

bebida cola

Cola

vino

Wein

cerveza

Bier

alcohol

Alkohol

cacao

Kakao

té

Tee

café

Kaffee

café expreso

Espresso

cappuccino

Cappuccino

banana

Banane

manzana

Apfel

naranja

Orange

melón

Melone

limón

Zitrone

zanahoria

Karotte

ajo

Knoblauch

bambú

Bambus

cebolla

Zwiebel

champiñón

Pilz

nueces

Nüsse

fideos

Nudeln

tallarines
....
Spaghetti

arroz
....
Reis

ensalada
....
Salat

papas fritas
....
Pommes frites

papas fritas
....
Bratkartoffeln

pizza
....
Pizza

hamburguesa
....
Hamburger

sándwich
....
Sandwich

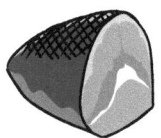

churrasco
....
Schnitzel

jamón
....
Schinken

salame
....
Salami

salchicha
....
Wurst

pollo
....
Huhn

asado
....
Braten

pescado
....
Fisch

copos de avena

Haferflocken

muesli

Müsli

copos de maíz

Cornflakes

harina

Mehl

medialuna

Croissant

pancito

Semmel

pan

Brot

tostada

Toast

galletitas

Kekse

manteca

Butter

cuajada

Topfen

torta

Kuchen

huevo

Ei

huevo frito

Spiegelei

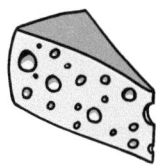

queso

Käse

helado

Eiscreme

azúcar

Zucker

miel

Honig

mermelada

Marmelade

pasta de chocolate

Schokoladenaufstrich

curry

Curry

granja
Bauernhof

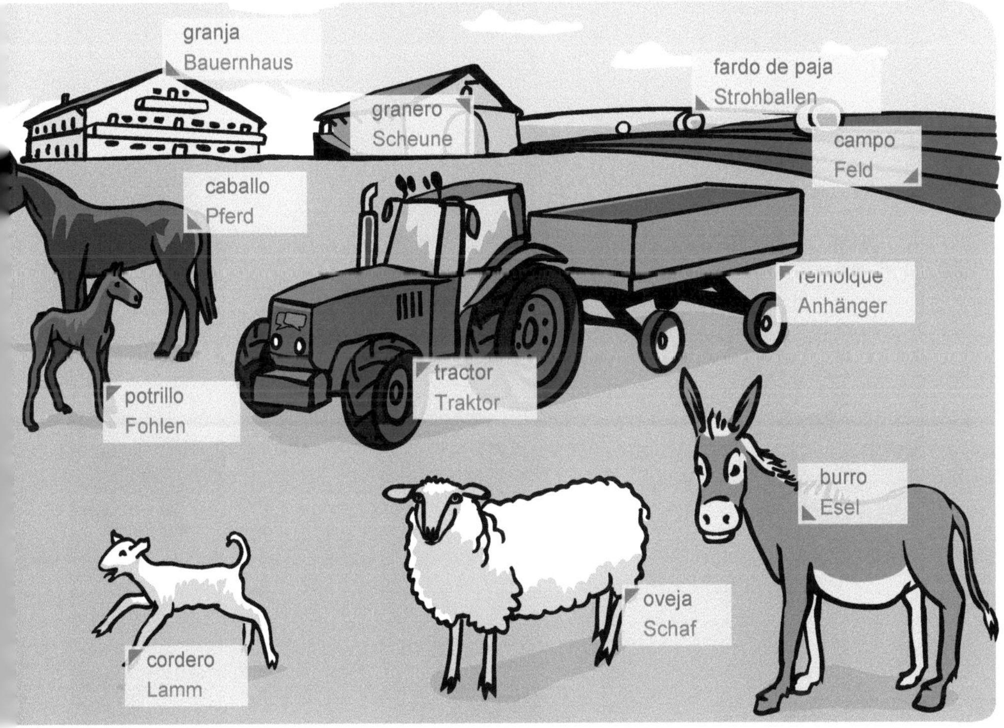
granja
Bauernhaus
granero
Scheune
fardo de paja
Strohballen
campo
Feld
caballo
Pferd
remolque
Anhänger
potrillo
Fohlen
tractor
Traktor
burro
Esel
oveja
Schaf
cordero
Lamm

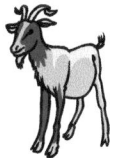

cabra

Ziege

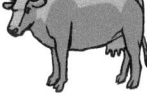

vaca

Kuh

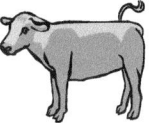

ternero

Kalb

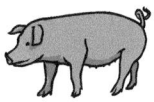

cerdo

Schwein

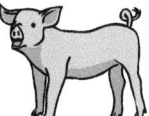

lechón

Ferkel

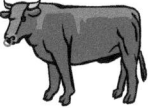

toro

Stier

ganso
Gans

pato
Ente

pollo
Küken

gallina
Huhn

gallo
Hahn

rata
Ratte

gato
Katze

ratón
Maus

buey
Ochse

perro
Hund

cucha
Hundehütte

manguera
Gartenschlauch

regadera
Gießkanne

guadaña
Sense

arado
Pflug

hoz

Sichel

azada

Hacke

horquilla

Mistgabel

hacha

Axt

carretilla

Schubkarre

abrevadero

Trog

lechera

Milchkanne

bolsa

Sack

reja

Zaun

establo

Stall

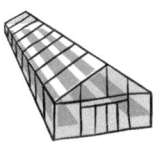

invernadero

Treibhaus

suelo

Boden

semilla

Saat

fertilizador

Dünger

cosechadora

Mähdrescher

cosechar

ernten

cosecha

Ernte

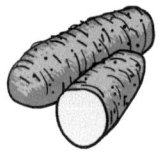

batatas

Yamswurzel

trigo

Weizen

soja

Soja

papa

Erdapfel

maíz

Mais

semilla de colza

Raps

árbol frutal

Obstbaum

mandioca

Maniok

cereales

Getreide

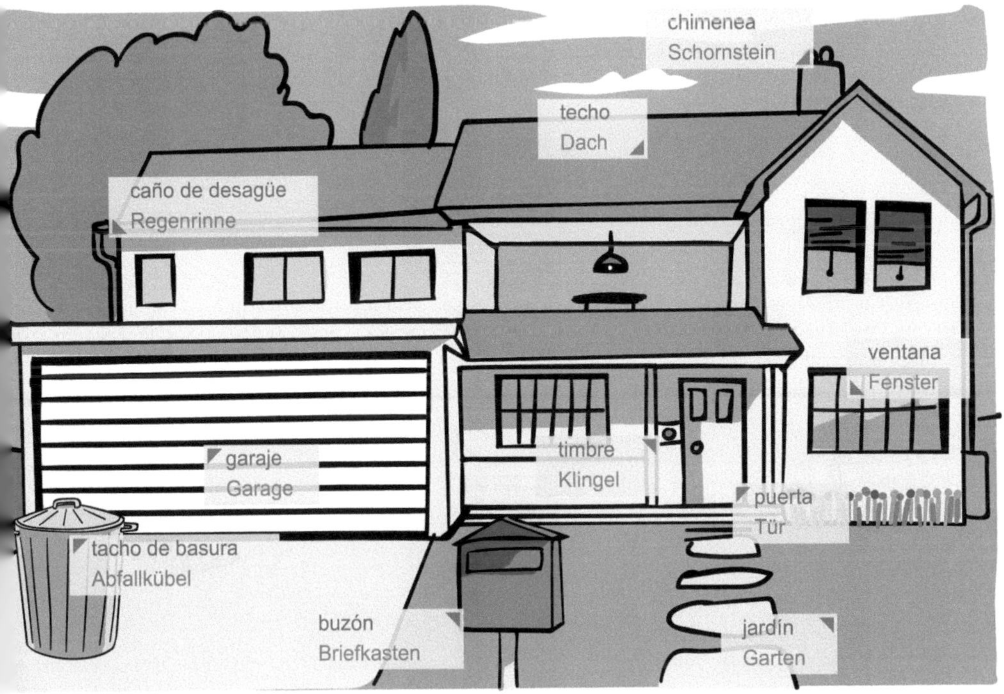

chimenea
Schornstein

techo
Dach

caño de desagüe
Regenrinne

ventana
Fenster

garaje
Garage

timbre
Klingel

puerta
Tür

tacho de basura
Abfallkübel

buzón
Briefkasten

jardín
Garten

living
Wohnzimmer

baño
Badezimmer

cocina
Küche

dormitorio
Schlafzimmer

cuarto de los chicos
Kinderzimmer

comedor
Esszimmer

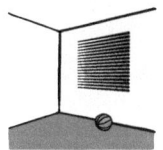

piso

Boden

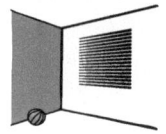

pared

Wand

cielorraso

Decke

sótano

Keller

sauna

Sauna

balcón

Balkon

terraza

Terrasse

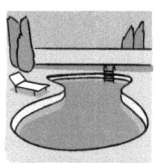

pileta

Schwimmbad

cortadora de pasto

Rasenmäher

sábana

Bettbezug

acolchado

Bettdecke

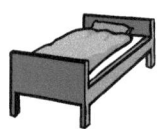

cama

Bett

escoba

Besen

balde

Kübel

interruptor

Schalter

living
Wohnzimmer

empapelado
Tapete
imagen
Bild
lámpara
Lampe
estante
Regal
armario
Schrank
televisión
Fernseher
chimenea
Kamin
flor
Blume
almohadón
Polster
sofá
Sofa
florero
Vase
control remoto
Fernbedienung

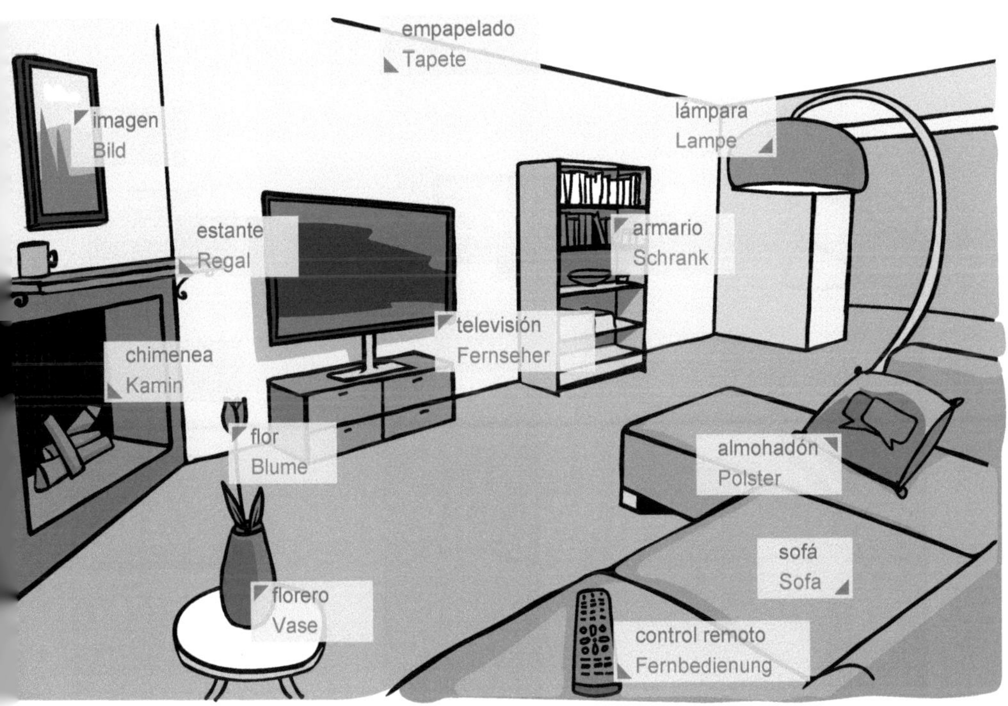

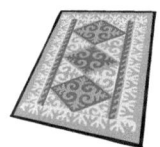

alfombra
Teppich

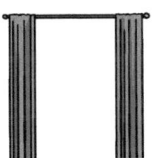

cortina
Vorhang

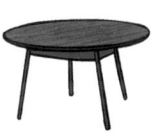

mesa
Tisch

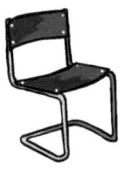

silla
Sessel

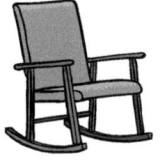

mecedora
Schaukelstuhl

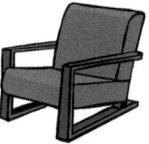

sillón
Sessel

libro
Buch

frazada
Decke

decoración
Dekoration

leña
Feuerholz

película
Film

equipo de música
Stereoanlage

llave
Schlüssel

diario
Zeitung

pintura
Gemälde

póster
Poster

radio
Radio

cuaderno
Notizblock

aspiradora
Staubsauger

cactus
Kaktus

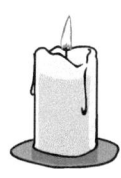

vela
Kerze

cocina
Küche

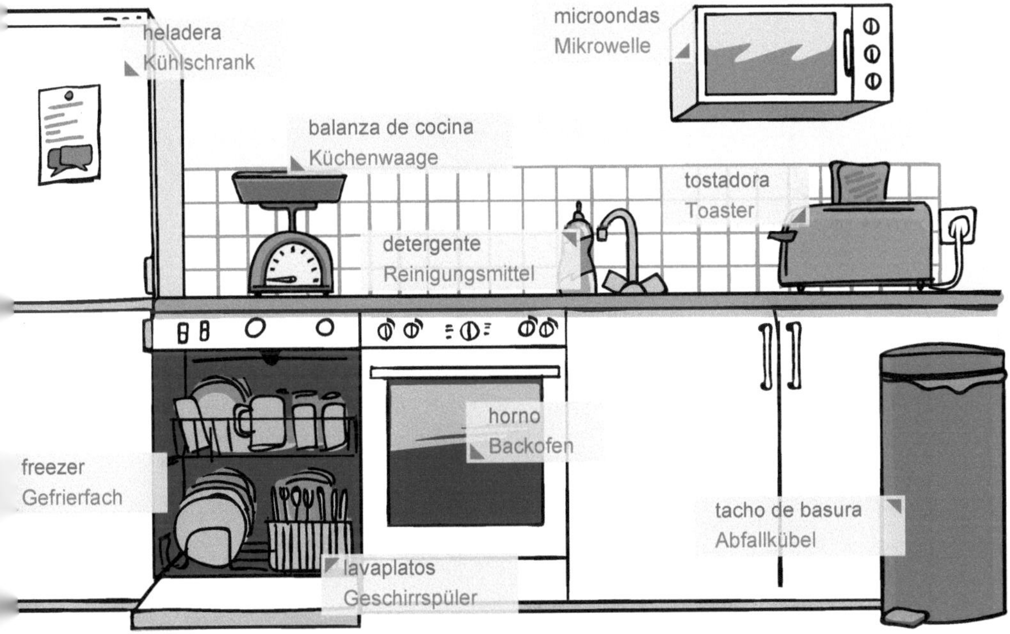

heladera
Kühlschrank
microondas
Mikrowelle
balanza de cocina
Küchenwaage
tostadora
Toaster
detergente
Reinigungsmittel
horno
Backofen
freezer
Gefrierfach
tacho de basura
Abfallkübel
lavaplatos
Geschirrspüler

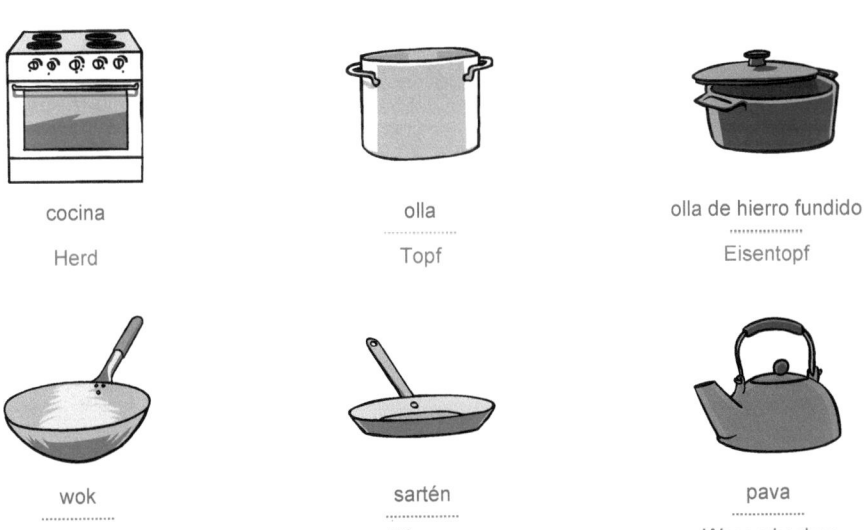

cocina

Herd

olla

Topf

olla de hierro fundido

Eisentopf

wok

Wok / Kadai

sartén

Pfanne

pava

Wasserkocher

vaporera

Dampfgarer

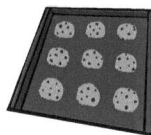

bandeja de horno

Backblech

vajilla

Geschirr

taza

Becher

bol

Schale

palitos

Essstäbchen

cucharón

Schöpflöffel

estpátula

Pfannenwender

batidora

Schneebesen

colador

Kochsieb

colador

Sieb

rallador

Reibe

mortero

Mörser

parrilla

Grill

fogata

Kaminfeuer

tabla de picar

Schneidebrett

palo de amasar

Nudelholz

sacacorchos

Korkenzieher

lata

Dose

abrelatas

Dosenöffner

manopla

Topflappen

pileta

Waschbecken

cepillo

Bürste

esponja

Schwamm

batidora

Mixer

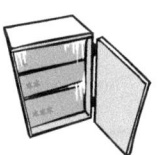

congelador

Gefriertruhe

mamadera

Babyflasche

canilla

Wasserhahn

baño

Badezimmer

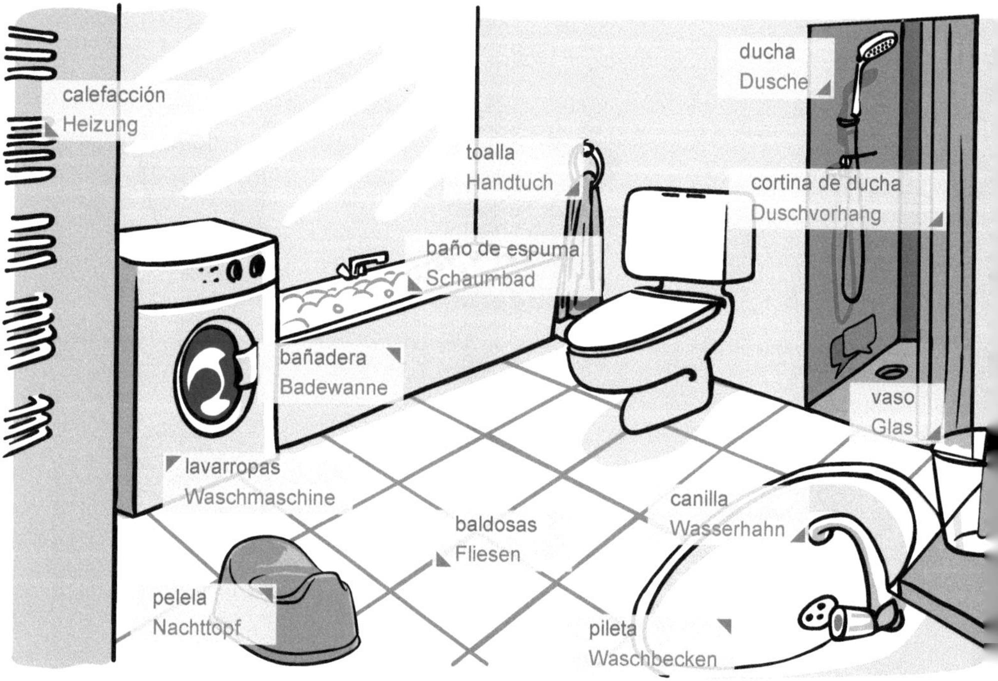

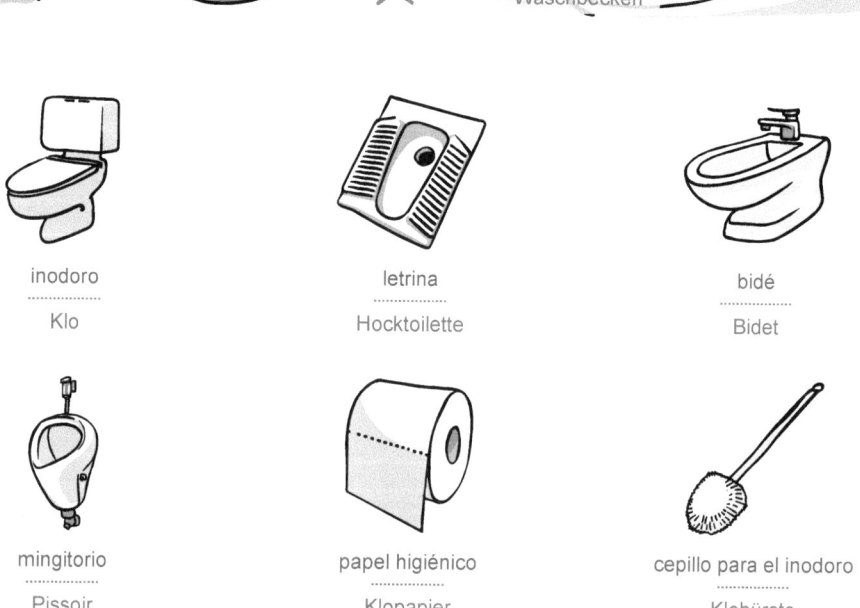

calefacción
Heizung
ducha
Dusche
toalla
Handtuch
cortina de ducha
Duschvorhang
baño de espuma
Schaumbad
bañadera
Badewanne
vaso
Glas
lavarropas
Waschmaschine
canilla
Wasserhahn
baldosas
Fliesen
pelela
Nachttopf
pileta
Waschbecken

inodoro

Klo

letrina

Hocktoilette

bidé

Bidet

mingitorio

Pissoir

papel higiénico

Klopapier

cepillo para el inodoro

Klobürste

cepillo de dientes

Zahnbürste

dentífrico

Zahnpasta

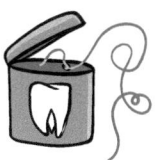

hilo dental

Zahnseide

lavar

waschen

ducha de mano

Handbrause

ducha higiénica

Intimdusche

palangana

Waschschüssel

cepillo para espalda

Rückenbürste

jabón

Seife

gel de ducha

Duschgel

shampoo

Shampoo

toallita

Waschlappen

desagüe

Abfluss

crema

Creme

desodorante

Deodorant

espejo

Spiegel

espejito

Kosmetikspiegel

maquinita de afeitar

Rasierer

espuma de afeitar

Rasierschaum

aftershave

Rasierwasser

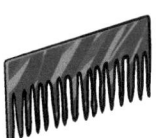

peine

Kamm

cepillo

Bürste

secador de pelo

Föhn

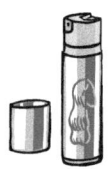

spray

Haarspray

maquillaje

Makeup

lápiz de labios

Lippenstift

esmalte para uñas

Nagellack

algodón

Watte

tijera para uñas

Nagelschere

perfume

Parfum

portacosméticos

Kulturbeutel

banqueta

Hocker

balanza

Waage

bata

Bademantel

guantes de goma

Gummihandschuhe

tampón

Tampon

toallita femenina

Damenbinde

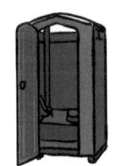

baño químico

Chemietoilette

cuarto de los chicos
Kinderzimmer

despertador
Wecker
peluche
Kuscheltier
coche de juguete
Spielzeugauto
sonajero
Rassel
casa de muñecas
Puppenhaus
regalo
Geschenk

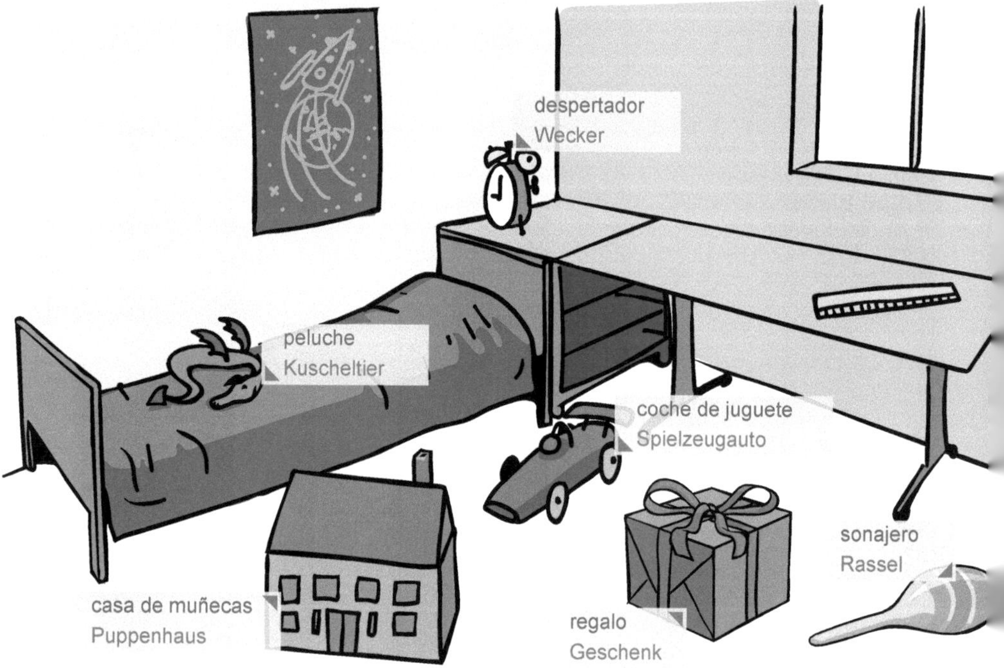

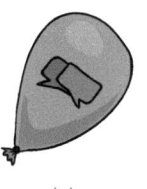

globo

Ballon

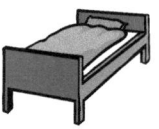

cama

Bett

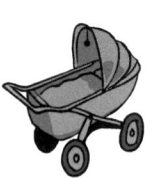

cochecito

Kinderwagen

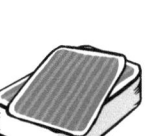

cartas

Kartenspiel

rompecabezas

Puzzle

SUPER
MEGA

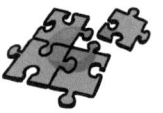

historieta

Comic

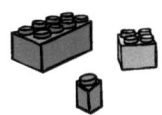

piezas de lego

Legosteine

ladrillos de juguete

Bausteine

figura de acción

Actionfigur

enterito (de bebé)

Strampelanzug

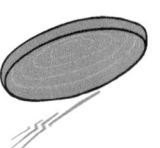

frisbee

Frisbee

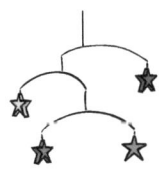

móvil para bebés

Mobile

juego de mesa

Brettspiel

dados

Würfel

tren eléctrico

Modelleisenbahn

chupete

Schnuller

fiesta

Party

libro de cuentos ilustrado

Bilderbuch

pelota

Ball

muñeca

Puppe

jugar

spielen

arenero

Sandkasten

hamaca

Schaukel

juguetes

Spielzeug

consola de videojuegos

Spielkonsole

triciclo

Dreirad

osito de peluche

Teddy

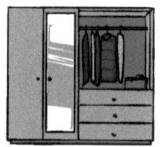

armario

Kleiderschrank

ropa
Kleidung

medias

Socken

medias panty

Strümpfe

calzas

Strumpfhose

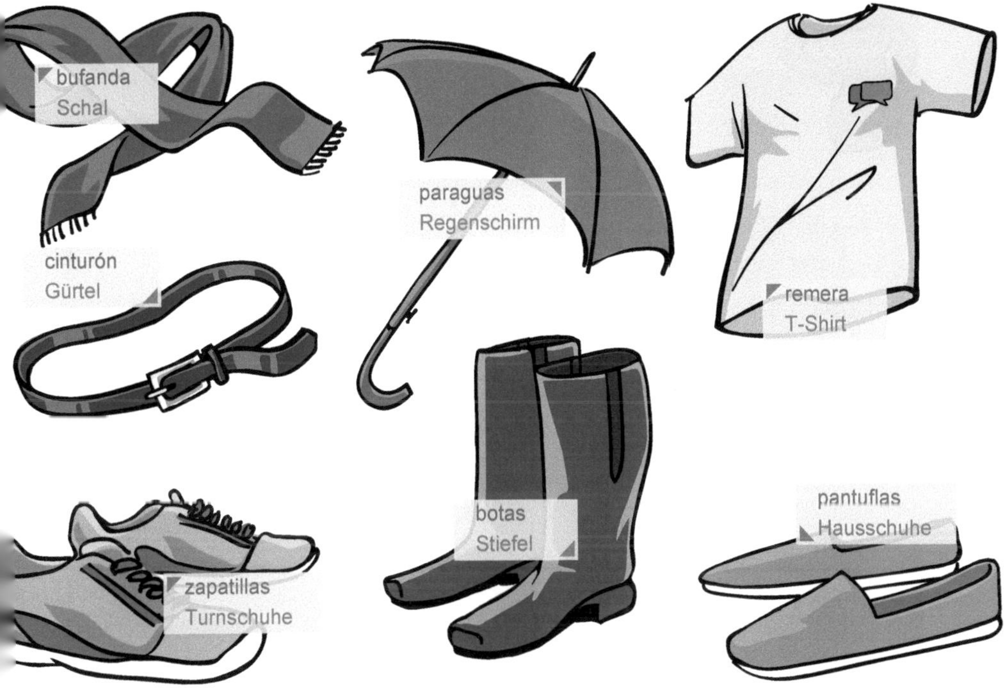

bufanda
Schal

cinturón
Gürtel

paraguas
Regenschirm

remera
T-Shirt

botas
Stiefel

pantuflas
Hausschuhe

zapatillas
Turnschuhe

sandalias
Sandalen

zapatos
Schuhe

botas de goma
Gummistiefel

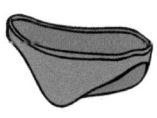

ropa interior
Unterhose

corpiño
Büstenhalter

chaleco
Unterhemd

body
Body

pantalones
Hose

jeans
Jeans

pollera
Rock

blusa
Bluse

camisa
Hemd

pulóver
Pullover

buzo
Kapuzenpullover

blazer
Blazer

campera
Jacke

tapado
Mantel

piloto
Regenmantel

traje
Kostüm

vestido
Kleid

vestido de novia
Hochzeitskleid

traje

Anzug

camisón

Nachthemd

pijama

Pyjama

sari

Sari

pañuelo para cabeza

Kopftuch

turbante

Turban

burka

Burka

caftán

Kaftan

abaya

Abaya

traje de baño

Badeanzug

short de baño

Badehose

shorts

kurze Hose

jogging

Jogginganzug

delantal

Schürze

guantes

Handschuhe

botón
Knopf

anteojos
Brille

pulsera
Armband

collar
Halskette

anillo
Ring

aro
Ohrring

gorra
Mütze

percha
Kleiderbügel

sombrero
Hut

corbata
Krawatte

cierre
Reißverschluss

casco
Helm

tiradores
Hosenträger

uniforme escolar
Schuluniform

uniforme
Uniform

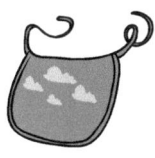

babero

Lätzchen

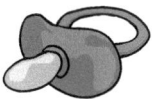

chupete

Schnuller

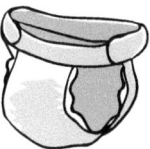

pañal

Windel

oficina

Büro

servidor
Server
archivero
Aktenschrank
impresora
Drucker
papel
Papier
monitor
Monitor
mouse
Maus
escritorio
Schreibtisch
carpeta
Ordner
teclado
Tastatur
tacho (de basura)
Papierkorb
computadora
Computer
silla
Sessel

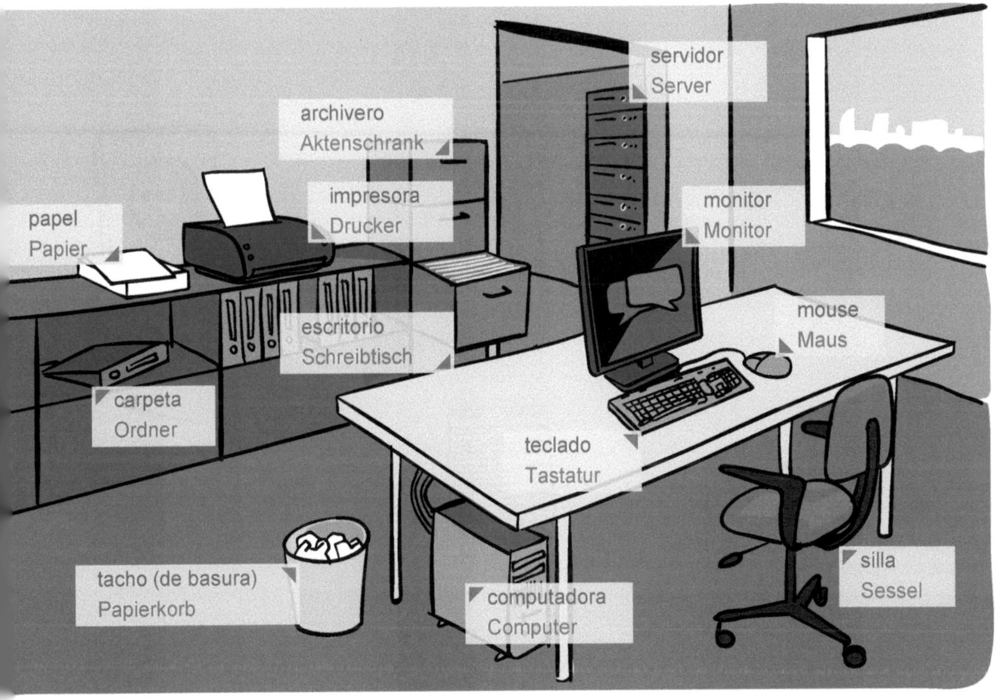

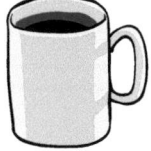

taza de café

Kaffeebecher

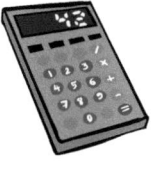

calculadora

Taschenrechner

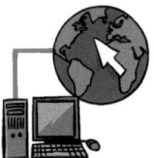

internet

Internet

laptop

Laptop

carta

Brief

mensaje

Nachricht

celular

Handy

red

Netzwerk

fotocopiadora

Kopierer

software

Software

teléfono

Telefon

tomacorriente

Steckdose

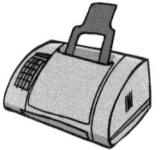

fax

Fax

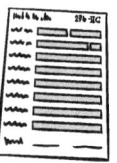

formulario

Formular

documento

Dokument

comprar

kaufen

pagar

bezahlen

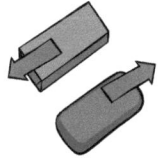

hacer negocios

handeln

dinero

Geld

USD

dólar

Dollar

EUR

euro

Euro

JPY

yen

Yen

RUB

rublo

Rubel

CHF

franco suizo

Franken

CNY

yuan

Renminbi Yuan

INR

rupia

Rupie

cajero automático

Bankomat

casa de cambio	oro	plata
Wechselstube	Gold	Silber

petróleo	energía	precio
Öl	Energie	Preis
		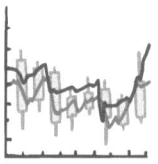
contrato	impuesto	acción
Vertrag	Steuer	Aktie

trabajar	empleado	empleador
arbeiten	Angestellte	Arbeitgeber

fábrica	negocio	
Fabrik	Geschäft	

bombero
Feuerwehrmann

policía
Polizist

cocinero
Koch

médico
Ärztin

piloto
Pilot

jardinero
Gärtner

carpintero
Tischler

modista
Schneiderin

juez
Richter

farmacéutico
Chemikerin

actor
Schauspieler

colectivero

Busfahrer

taxista

Taxifahrer

pescador

Fischer

mucama

Putzfrau

techista

Dachdecker

mozo

Kellner

cazador

Jäger

pintor

Maler

panadero

Bäcker

electricista

Elektriker

albañil

Bauarbeiter

ingeniero

Ingenieur

carnicero

Schlachter

plomero

Installateur

cartero

Briefträgerin

soldado

Soldat

arquitecto

Architekt

cajero

Kassiererin

florista

Blumenhändlerin

peluquero

Friseur

cobrador

Schaffner

mecánico

Mechaniker

capitán

Kapitän

dentista

Zahnärztin

científico

Wissenschaftler

rabino

Rabbi

imán

Imam

monje

Mönch

sacerdote

Pfarrer

herramientas
Werkzeuge

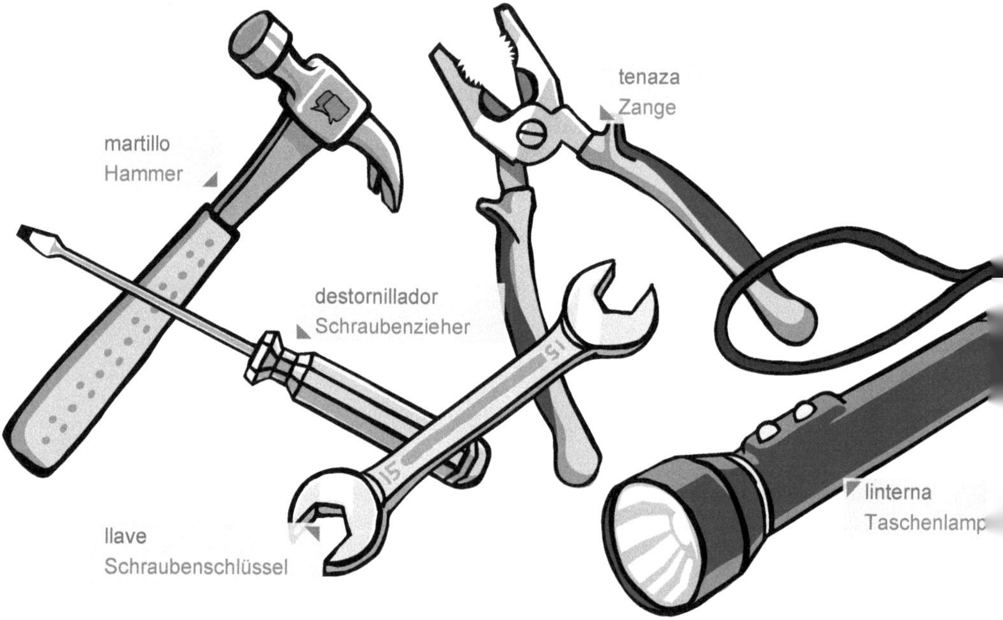
martillo
Hammer
tenaza
Zange
destornillador
Schraubenzieher
llave
Schraubenschlüssel
linterna
Taschenlamp

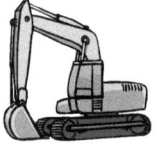

excavadora

Bagger

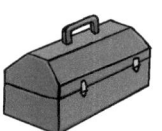

caja de herramientas

Werkzeugkasten

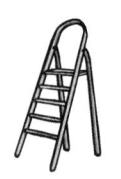

escalera portátil

Leiter

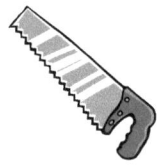

sierra

Säge

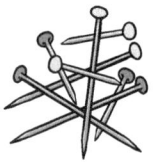

clavos

Nägel

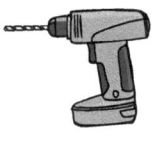

taladro

Bohrer

arreglar
reparieren

pala de jardín
Schaufel

¡Qué bronca!
Scheiße!

pala de plástico
Kehrschaufel

tacho de pintura
Farbtopf

tornillos
Schrauben

instrumentos musicales
Musikinstrumente

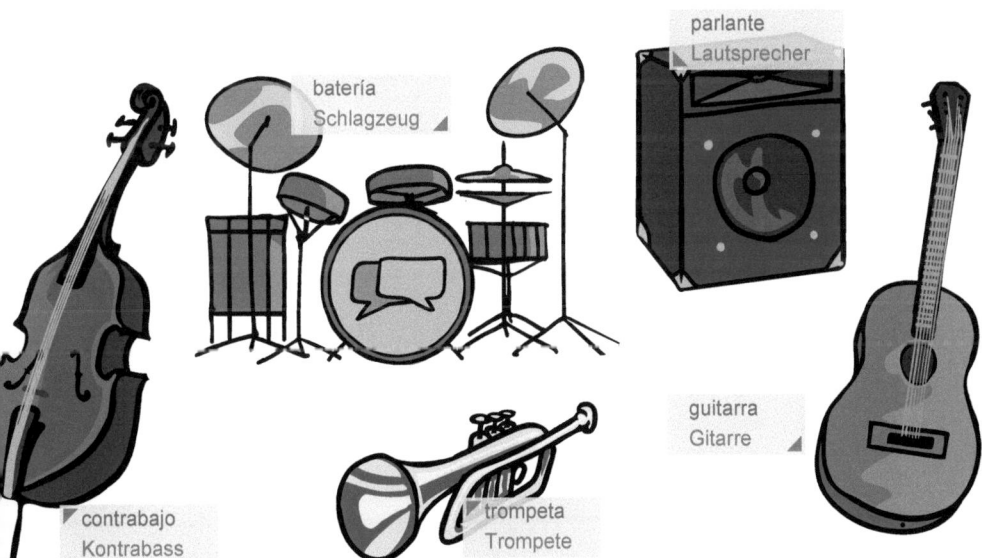

parlante
Lautsprecher

batería
Schlagzeug

guitarra
Gitarre

contrabajo
Kontrabass

trompeta
Trompete

piano
Klavier

violín
Violine

bajo
Bass

timbales
Pauke

tambor
Trommeln

teclado
Tastatur

saxofón
Saxophon

flauta
Flöte

micrófono
Mikrofon

zoológico
Zoo

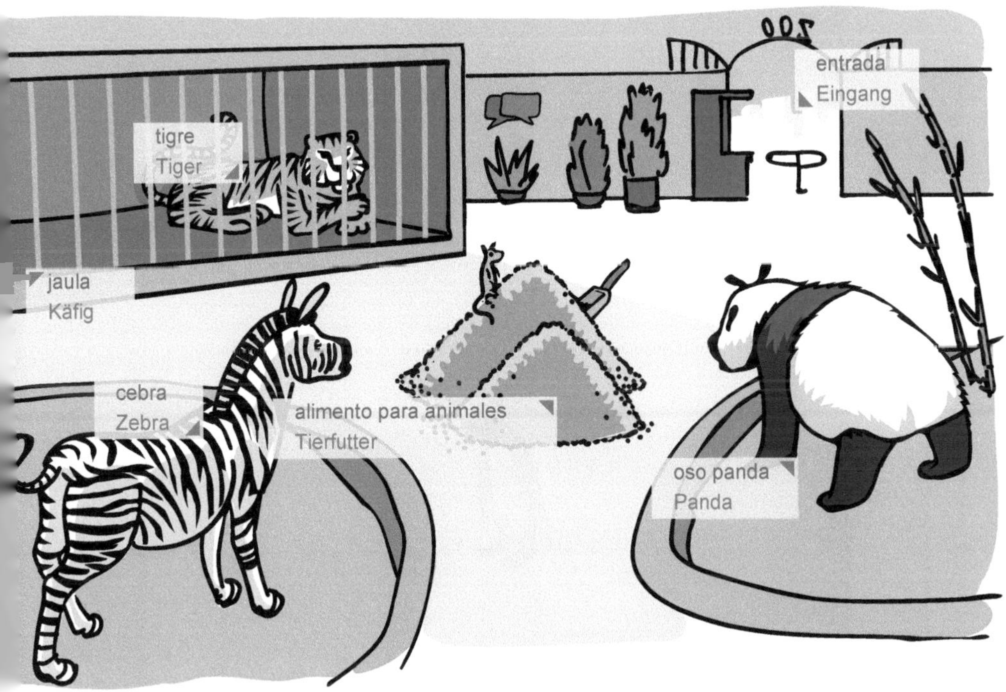
entrada
Eingang
tigre
Tiger
jaula
Käfig
cebra
Zebra
alimento para animales
Tierfutter
oso panda
Panda

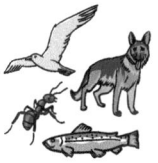

animales

Tiere

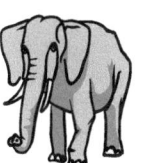

elefante

Elefant

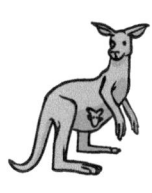

canguro

Känguru

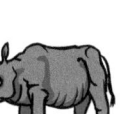

rinoceronte

Nashorn

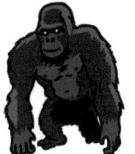

gorila

Gorilla

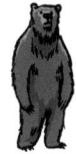

oso

Bär

camello

Kamel

avestruz

Strauß

león

Löwe

mono

Affe

flamenco

Flamingo

loro

Papagei

oso polar

Eisbär

pingüino

Pinguin

tiburón

Hai

pavo real

Pfau

serpiente

Schlange

cocodrilo

Krokodil

cuidador del zoológico

Zoowärter

foca

Robbe

jaguar

Jaguar

poni
Pony

leopardo
Leopard

hipopotamo
Nilpferd

jirafa
Giraffe

águila
Adler

jabalí
Wildschwein

pescado
Fisch

tortuga
Schildkröte

morsa
Walross

zorro
Fuchs

gacela
Gazelle

fútbol americano
American Football

ciclismo
Radfahren

tenis
Tennis

básquet
Basketball

natación
Schwimmen

hockey sobre hielo
Eishockey

boxeo
Boxen

fútbol
Fußball

bádminton
Badminton

atletismo
Leichtathletik

handball
Handball

esquí
Skifahren

polo
Polo

actividades
Aktivitäten

saltar
springen
abrazar
umarmen
reír
lachen
caminar
gehen
cantar
singen
soñar
träumen
rezar
beten
besar
küssen

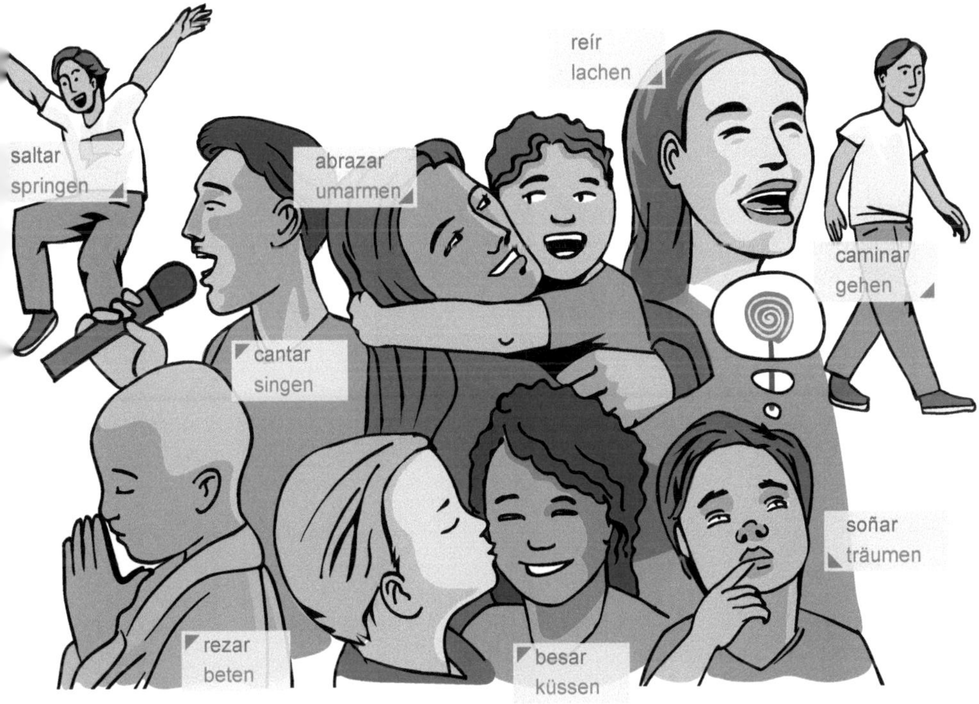

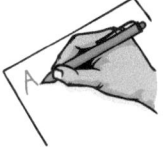

escribir

schreiben

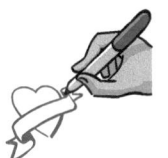

dibujar

zeichnen

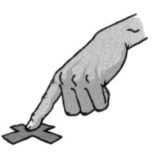

mostrar

zeigen

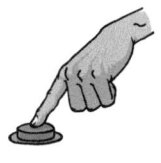

presionar

drücken

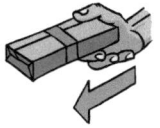

dar

geben

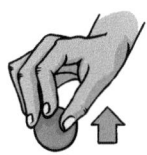

tomar

nehmen

tener
....
haben

hacer
....
machen

ser
....
sein

estar parado
....
stehen

correr
....
laufen

tirar
....
ziehen

tirar
....
werfen

caer
....
fallen

estar acostado
....
liegen

esperar
....
warten

llevar
....
tragen

estar sentado
....
sitzen

vestirse
....
anziehen

dormir
....
schlafen

despertar
....
aufwachen

mirar
ansehen

llorar
weinen

acariciar
streicheln

peinar
frisieren

hablar
reden

entender
verstehen

preguntar
fragen

escuchar
hören

beber
trinken

comer
essen

ordenar
zusammenräumen

amar
lieben

cocinar
kochen

manejar
fahren

volar
fliegen

navegar

segeln

calcular

rechnen

leer

lesen

aprender

lernen

trabajar

arbeiten

casarse

heiraten

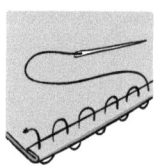

coser

nähen

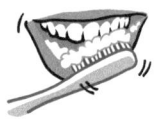

cepillarse los dientes

Zähne putzen

matar

töten

fumar

rauchen

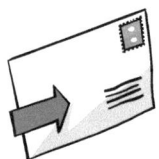

enviar

senden

abuela
Großmutter

abuelo
Großvater

padre
Vater

madre
Mutter

bebé
Baby

hija
Tochter

hijo
Sohn

invitado
Gast

tia
Tante

tío
Onkel

hermano
Bruder

hermana
Schwester

cuerpo
Körper

frente
Stirn
ojo
Auge
hombro
Schulter
dedo
Finger
cara
Gesicht
pera
Kinn
mano
Hand
pecho
Brust
pierna
Bein
brazo
Arm

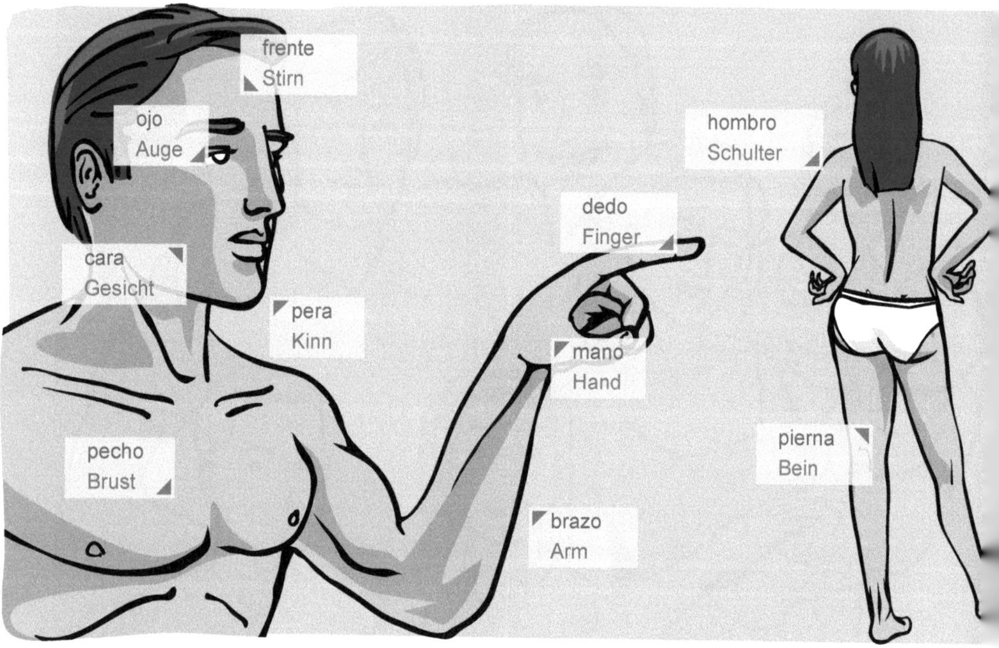

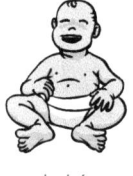

bebé

Baby

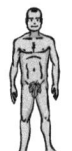

hombre

Mann

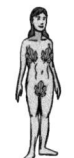

mujer

Frau

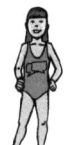

nena

Mädchen

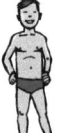

nene

Junge

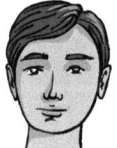

cabeza

Kopf

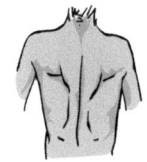

espalda

Rücken

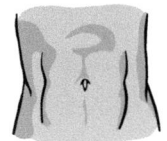

panza

Bauch

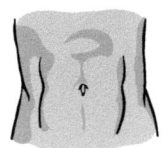

ombligo

Nabel

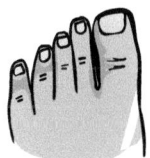

dedo del pie

Zeh

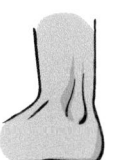

talón

Ferse

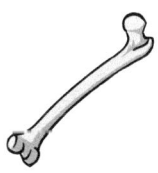

hueso

Knochen

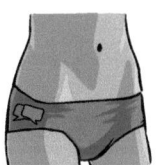

cadera

Hüfte

rodilla

Knie

codo

Ellbogen

nariz

Nase

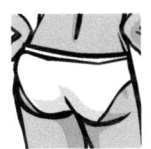

cola

Gesäß

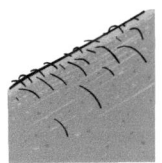

piel

Haut

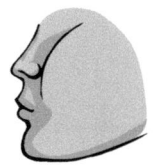

cachete

Wange

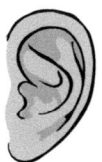

oreja

Ohr

labio

Lippe

cuerpo - Körper

boca

Mund

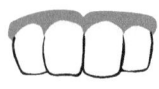

diente

Zahn

lengua

Zunge

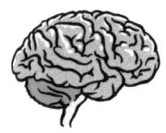

cerebro

Gehirn

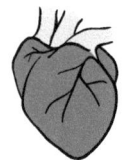

corazón

Herz

músculo

Muskel

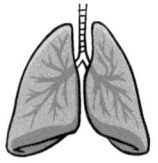

pulmón

Lunge

hígado

Leber

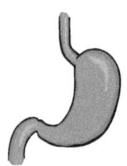

estómago

Magen

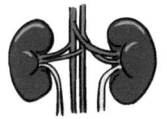

riñones

Nieren

sexo

Geschlechtsverkehr

preservativo

Kondom

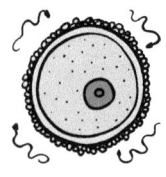

óvulo

Eizelle

semen

Sperma

embarazo

Schwangerschaft

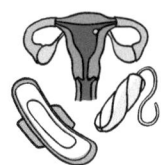

menstruación
Menstruation

vagina
Vagina

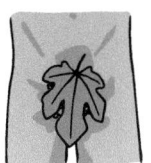

pene
Penis

ceja
Augenbraue

pelo
Haar

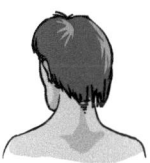

cuello
Hals

hospital
Spital

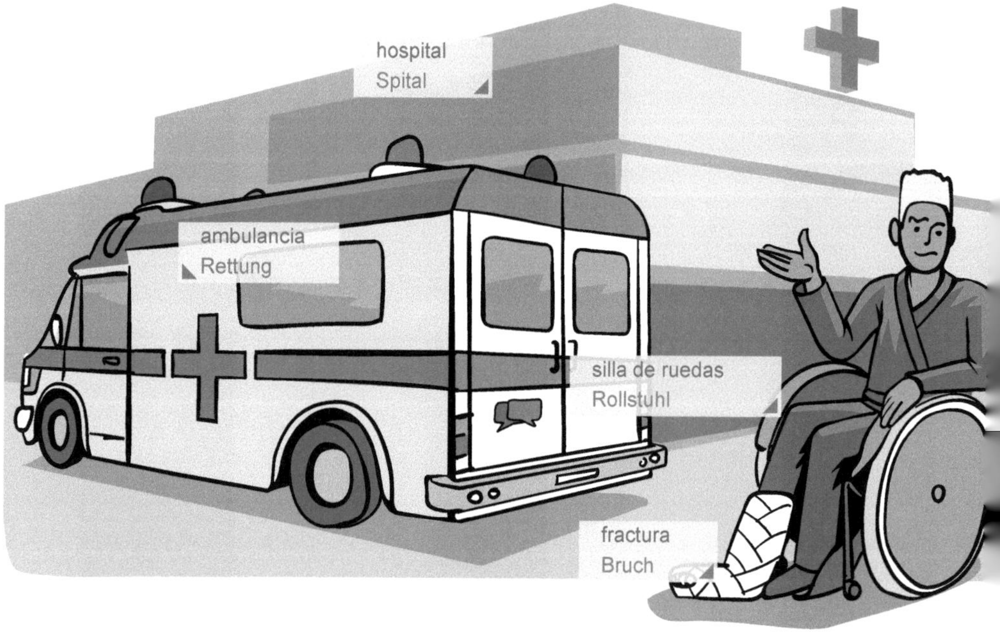

hospital
Spital
ambulancia
Rettung
silla de ruedas
Rollstuhl
fractura
Bruch

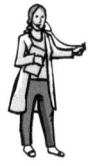

médico

Ärztin

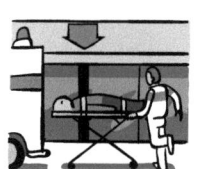

sala de guardia

Notaufnahme

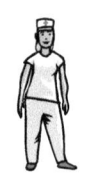

enfermera

Krankenschwester

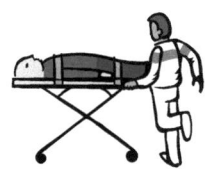

emergencia

Notfall

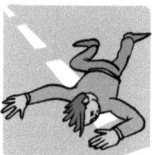

inconsciente

ohnmächtig

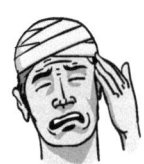

dolor

Schmerz

lesión
Verletzung

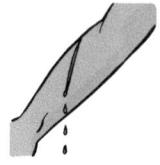

hemorragia
Blutung

infarto
Herzinfarkt

ACV
Schlaganfall

alergia
Allergie

tos
Husten

fiebre
Fieber

gripe
Grippe

diarrea
Durchfall

dolor de cabeza
Kopfschmerzen

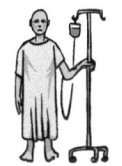

cáncer
Krebs

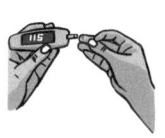

diabetes
Diabetes

cirujano
Chirurg

bisturí
Skalpell

operación
Operation

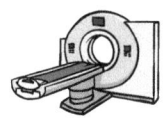

TC
CT

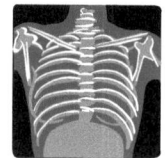

rayos x
Röntgen

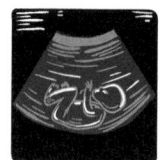

ecografía
Ultraschall

barbijo
Maske

enfermedad
Krankheit

sala de espera
Wartezimmer

muleta
Krücke

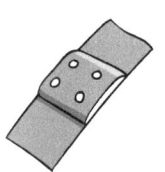

curita
Pflaster

venda
Verband

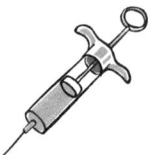

inyección
Injektion

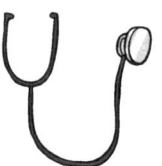

estetoscopio
Stethoskop

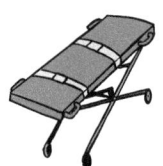

camilla
Trage

termómetro
Thermometer

nacimiento
Geburt

sobrepeso
Übergewicht

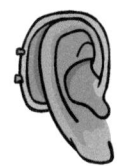

audífono
....
Hörgerät

desinfectante
....
Desinfektionsmittel

infección
....
Infektion

virus
....
Virus

VIH / SIDA
....
HIV / AIDS

remedio
....
Medizin

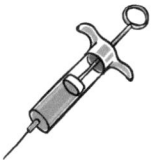

vacunación
....
Impfung

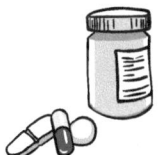

comprimidos
....
Tabletten

pastilla anticonceptiva
....
Pille

mada de emergencia
....
Notruf

tensiómetro
....
Blutdruckmesser

enfermo / sano
....
krank / gesund

¡Ayuda!

Hilfe!

alarma

Alarm

agresión

Überfall

ataque

Angriff

peligro

Gefahr

salida de emergencia

Notausgang

¡Fuego!

Feuer!

matafuego

Feuerlöscher

accidente

Unfall

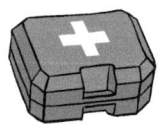

botiquín de primeros auxilios

Erste-Hilfe-Koffer

SOS

SOS

policía

Polizei

Europa

Europa

América del Norte

Nordamerika

América del Sur

Südamerika

África

Afrika

Asia

Asien

Australia

Australien

Atlántico

Atlantik

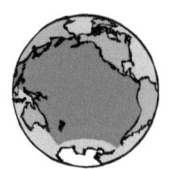

Pacífico

Pazifik

Océano Índico

Indische Ozean

Océano Antártico

Antarktische Ozean

Océano Ártico

Arktische Ozean

polo norte

Nordpol

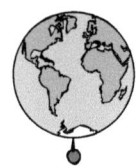

polo sur

Südpol

Antártida

Antarktis

Tierra

Erde

tierra

Land

mar

Meer

isla

Insel

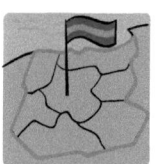

nación

Nation

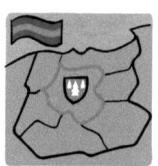

estado

Staat

esfera

Ziffernblatt

manecilla de las horas

Stundenzeiger

minutero

Minutenzeiger

segundero

Sekundenzeiger

¿Qué hora es?

Wie spät ist es?

día

Tag

hora

Zeit

ahora

jetzt

reloj digital

Digitaluhr

minuto

Minute

hora

Stunde

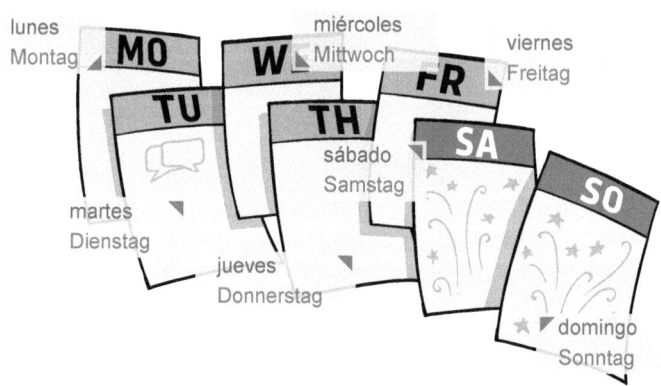

lunes
Montag

miércoles
Mittwoch

viernes
Freitag

martes
Dienstag

jueves
Donnerstag

sábado
Samstag

domingo
Sonntag

ayer

gestern

hoy

heute

mañana

morgen

mañana

Morgen

mediodía

Mittag

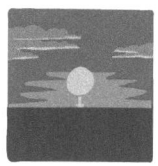

tarde

Abend

MO	TU	WE	TH	FR	SA	SU
1	2	3	4	5	6	7
8	9	10	11	12	13	14
15	16	17	18	19	20	21
22	23	24	25	26	27	28
29	30	31	1	2	3	4

días hábiles

Arbeitstage

MO	TU	WE	TH	FR	SA	SU
1	2	3	4	5	6	7
8	9	10	11	12	13	14
15	16	17	18	19	20	21
22	23	24	25	26	27	28
29	30	31	1	2	3	4

fin de semana

Wochenende

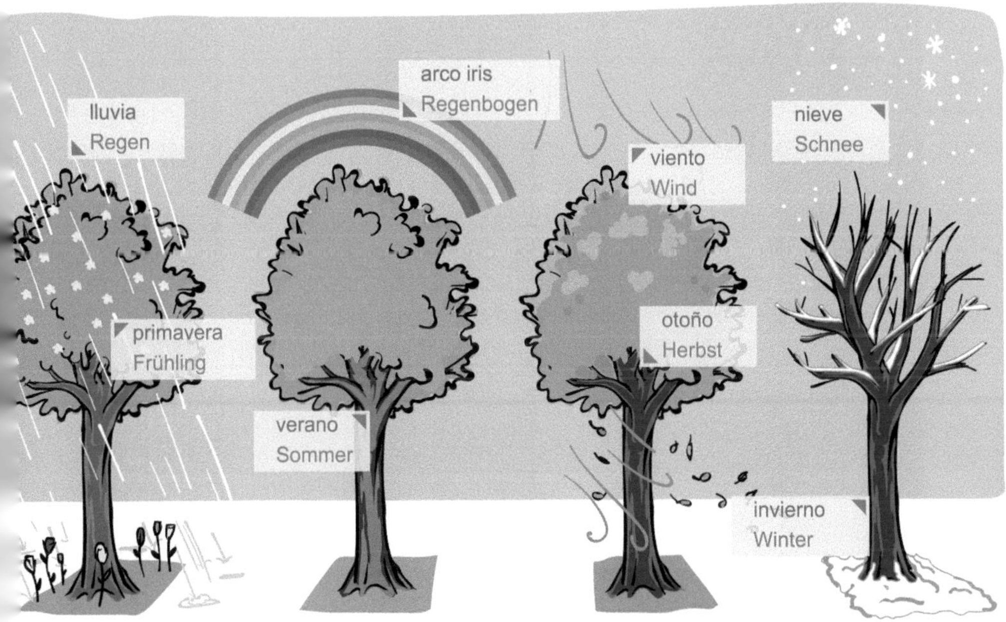

arco iris
Regenbogen
lluvia
Regen
nieve
Schnee
viento
Wind
primavera
Frühling
otoño
Herbst
verano
Sommer
invierno
Winter

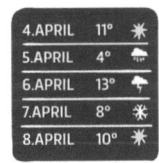

4.APRIL 11°
5.APRIL 4°
6.APRIL 13°
7.APRIL 8°
8.APRIL 10°

…nóstico meteorológico

Wettervorhersage

F C
120 40
90 30
60 20
30 10
0 0
-30 -10
-20

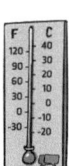

termómetro

Thermometer

luz del sol

Sonnenschein

nube

Wolke

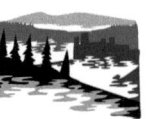

niebla

Nebel

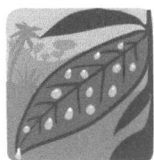

humedad

Luftfeuchtigkeit

rayo

Blitz

trueno

Donner

tormenta

Sturm

granizo

Hagel

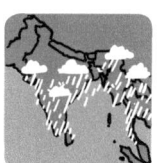

monzón

Monsun

inundación

Flut

hielo

Eis

enero

Jänner

febrero

Februar

marzo

März

abril

April

mayo

Mai

junio

Juni

julio

Juli

agosto

August

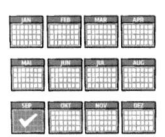

septiembre
....
September

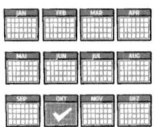

octubre
....
Oktober

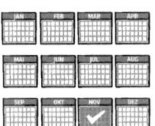

noviembre
....
November

diciembre
....
Dezember

formas
Formen

círculo
....
Kreis

cuadrado
....
Quadrat

rectángulo
....
Rechteck

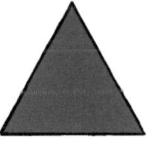

triángulo
....
Dreieck

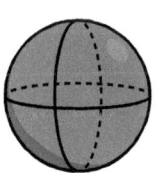

esfera
....
Kugel

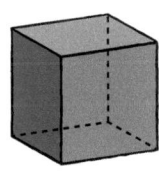

cubo
....
Würfel

blanco

weiß

amarillo

gelb

naranja

orange

rosa

pink

rojo

rot

violeta

lila

azul

blau

verde

grün

marrón

braun

gris

grau

negro

schwarz

mucho / poco

enojado / tranquilo

lindo / feo

viel / wenig

wütend / friedlich

hübsch / hässlich

principio / fin

grande / chico

claro / oscuro

Anfang / Ende

groß / klein

hell / dunkel

hermano / hermana

limpio / sucio

completo / incompleto

Bruder / Schwester

sauber / schmutzig

vollständig / unvollständig

día / noche

muerto / vivo

ancho / angosto

Tag / Nacht

tot / lebendig

breit / schmal

comestible / no comestible

....

genießbar / ungenießbar

malo / amable

....

böse / freundlich

entusiasmado / aburrido

....

aufgeregt / gelangweilt

gordo / flaco

....

dick / dünn

primero / último

....

zuerst / zuletzt

amigo / enemigo

....

Freund / Feind

lleno / vacío

....

voll / leer

duro / blando

....

hart / weich

pesado / liviano

....

schwer / leicht

hambre / sed

....

Hunger / Durst

enfermo / sano

....

krank / gesund

ilegal / legal

....

illegal / legal

inteligente / estúpido

....

gescheit / dumm

izquierda / derecha

....

links / rechts

cerca / lejos

....

nah / fern

nuevo / usado
....
neu / gebraucht

nada / algo
....
nichts / etwas

viejo / joven
....
alt / jung

encendido / apagado
....
an / aus

abierto / cerrado
....
offen / geschlossen

silencioso / ruidoso
....
leise / laut

rico / pobre
....
reich / arm

correcto / incorrecto
....
richtig / falsch

áspero / suave
....
rau / glatt

triste / contento
....
traurig / glücklich

corto / largo
....
kurz / lang

lento / rápido
....
langsam / schnell

mojado / seco
....
nass / trocken

caliente / frío
....
warm / kühl

guerra / paz
....
Krieg / Frieden

0

cero

null

1

uno

eins

2

dos

zwei

3

tres

drei

4

cuatro

vier

5

cinco

fünf

6

seis

sechs

7

siete

sieben

8

ocho

acht

9

nueve

neun

10

diez

zehn

11

once

elf

12

doce
zwölf

13

trece
dreizehn

14

catorce
vierzehn

15

quince
fünfzehn

16

dieciséis
sechzehn

17

diecisiete
siebzehn

18

dieciocho
achtzehn

19

diecinueve
neunzehn

20

veinte
zwanzig

100

cien
hundert

1.000

mil
tausend

1.000.000

millón
Million

inglés

Englisch

inglés americano

Amerikanisches Englisch

chino mandarín

Chinesisch (Mandarin)

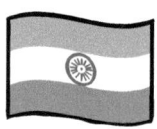

hindi

Hindi

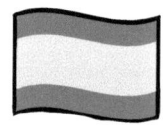

español

Spanisch

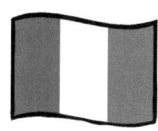

francés

Französisch

árabe

Arabisch

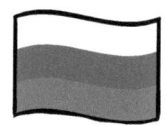

ruso

Russisch

portugués

Portugiesisch

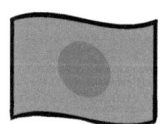

bengalí

Bengalisch

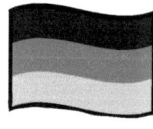

alemán

Deutsch

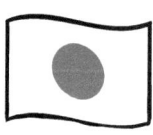

japonés

Japanisch

yo

ich

vos

du

él / ella

er / sie / es

nosotros

wir

ustedes

ihr

ellos

sie

¿quién?

Wer?

¿qué?

Was?

¿cómo?

Wie?

¿dónde?

Wo?

¿cuándo?

Wann?

nombre

Name

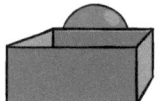

detrás

hinter

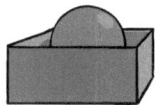

en

in

adelante de

vor

por encima de

über

sobre

auf

debajo de

unter

al lado de

neben

entre

zwischen

lugar

Ort